Hohenacker, den 27.7.95

Dieses Buch gehört

....

Zur Erinnerung

an Deine Freundin

Julia Memmert

Text von Brigitte Trinkl
illustriert von Reingard Kopsa

BREITSCHOPF

Komm mit mir in den Wald und schau, was es abseits der Wege alles zu entdecken gibt. Bäume mit ganz unterschiedlichen Stämmen, Blättern und Früchten. Beeren, die schon von ferne leuchten, und Pilze, die unter dem Laub hervorgucken. Kann man die alle essen? Wer legt seine Eier in fremde Nester, wer sorgt dafür, daß der Wald sauber bleibt? Wie vielen Tieren kann ein einziger Baum Unterschlupf bieten? Warum werfen die Laubbäume im Herbst ihre Blätter ab? Wie leben die Ameisen? Wie heißt das junge Reh? Das alles und noch viel mehr erfährst Du in diesem Buch. Ich werde Dich von Seite zu Seite begleiten, auf Deiner Wanderung durch den großen Wald, in dem Du manches Bekannte, bestimmt aber auch viel Neues

entdecken wirst. Darüber hinaus gebe ich Dir Tips, wie
Du Dich mit den Früchten des Waldes schmücken
kannst, und Spielvorschläge für eine Rast. Am Ende
des Buches wartet ein Spiel auf Dich, dessen Fragen
Du ganz bestimmt beantworten kannst, wenn Du das
Buch aufmerksam liest.
Und nun viel Spaß beim Lesen und Beobachten.

Dein
Cornelius

Wer klopft denn da?

Buntspecht

Schwarzspecht

Grünspecht

Lieblingsnahrung sind Ameisen

Hast du schon einmal einen Specht klopfen gehört oder zugesehen, wie er mit seinem festen Schnabel gegen Baumstämme hämmert? Dabei hält sich der Specht mit seinen Greiffüßen am Baum fest und stützt sich mit seinen Schwanzfedern so ab, als würde er sitzen. Mit seinem Schnabel hackt er Löcher in die Rinde der Bäume und holt mit seiner langen klebrigen Zunge Raupen und Insekten heraus. Im Frühjahr baut der Specht eine Höhle in einem Baumstamm, in die das Weibchen 4 bis 6 Eier legt. Vater und Mutter Specht brüten abwechselnd die Eier aus. Wer gerade nicht brütet, bringt dem anderen Futter.

„Kuckuck! Kuckuck!" Diesen Ruf hast du bestimmt schon gehört. Zu sehen ist der Vogel, der so ruft, nur selten, denn er ist sehr scheu. Der Kuckuck baut kein Nest. Statt dessen wartet das Kuckucksweibchen bei einem Nest anderer Vögel, bis diese mit dem Eierlegen beginnen. Sobald die zukünftige Pflegemutter das Nest für kurze Zeit verläßt, legt das Kuckucksweibchen ein Ei hinein und entfernt dafür ein anderes.

Auf diese Art legt sie 10 bis 13 Eier in viele verschiedene Nester. Bis die anderen Vögel merken, daß sie ein fremdes Ei ausgebrütet haben, ist es meist schon zu spät. Der junge Kuckuck wächst nämlich schneller als ihre eigenen Vogeljungen. Weil er viel Platz braucht, wirft er die anderen Jungen einfach über den Nestrand und läßt sich von den Pflegeeltern aufziehen. Im Winter fliegt der Kuckuck in wärmere Länder.

Unsere Bäume

Laubbäume werfen im Herbst ihre Blätter ab. Im Winter sind sie kahl. Im Frühjahr treiben sie wieder aus und bilden neue Blätter, Blüten und Früchte. Wenn die Samen der Früchte reif sind, werden sie vom Wind oder von den Tieren davongetragen. An einer geeigneten anderen Stelle können wieder neue Bäume wachsen. Weißt du, wodurch sich Laubbäume und Nadelbäume unterscheiden? Mehr über die Nadelbäume erfährst du im Band „Komm und schau mit uns ins Gebirge".

Die verschiedenen Bäume kannst du durch die Blätter, die Form der Krone und die Rinde gut unterscheiden.

Schau dir auch einmal die Blätter genau an. Du wirst unzählige verschiedene Formen entdecken.

Hier siehst du die Blätter, Früchte und Rinden von drei Laubbäumen, die häufig bei uns wachsen.

Die Eiche

kann über 1000 Jahre alt werden. Sie hat einen dicken Stamm mit einer tief gefurchten Rinde. Die Eicheln sitzen in einem flachen Becher und wachsen zu mehreren an einem langen Stiel. Sie schmecken sehr vielen Waldtieren, z. B. Rehen, Hirschen und Eichhörnchen.

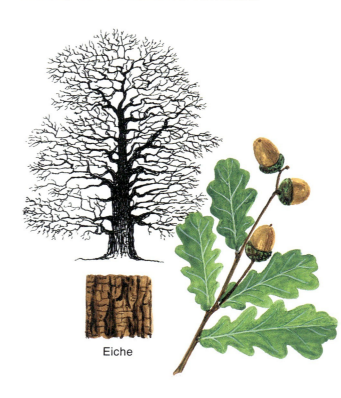

Eiche

Die Buche

hat meist einen kerzengraden Stamm, der von einer hellgrauen glatten Rinde umgeben ist. Die Blätter haben feine Haare am Rand und an der Unterseite. Die dreikantigen Früchte heißen Bucheckern.

Der Ahorn

ist durch seine gelappten Blätter bekannt. Die Früchte hängen in Büscheln nebeneinander. Sie haben weit gespreizte Flügel, damit sie der Wind weit tragen kann. Dabei drehen sie sich wie Propeller.

Buche

Ahorn

Eßbar oder giftig? — Pilze

Pilze sind ganz besondere Lebewesen. Nach regnerischen warmen Herbsttagen schießen sie plötzlich — manchmal sogar über Nacht — aus dem Waldboden, ohne daß vorher eine Pflanze zu sehen war. Pilze haben weder Wurzeln noch Stengel, Blätter oder Blüten. Was du auf dem Waldboden siehst, ist nur ein Teil der Pflanze. Der ganze Pilzkörper besteht aus vielen Fäden, die dicht nebeneinanderliegen und auch unter der Erde ein weit ausgebreitetes Geflecht bilden. Aus diesem Geflecht wachsen an manchen Stellen kleine Früchte heraus — die Pilze.

Die Sporen sind so klein, daß man sie mit freiem Auge nicht sehen kann. Aber viele Sporen zusammen ergeben ein Bild: Schneide den Stiel eines Blätterpilzes unter dem Hut ab und lege den Hut auf ein Stück Papier. Nach einigen Stunden sind die Sporen abgefallen und liegen auf dem Papier.

Giftige und ungiftige Pilze sind einander manchmal zum Verwechseln ähnlich. Man darf deshalb nur solche Pilze sammeln, die man ganz genau kennt!

Zertritt keine Pilze mutwillig, denn sie könnten verschiedenen Tieren als Nahrung dienen!

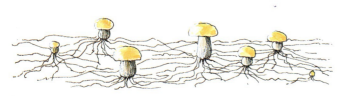

Schau dir einmal die Unterseite der Pilzhüte an. Haben sie Blätter oder Röhren? Dort bilden sich tausende kleine Sporen, die vom Wind vertragen werden. Fallen sie auf einen geeigneten Boden, entwickelt sich daraus ein neuer Pilz.

In unseren Wäldern gibt es über 2000 Pilzarten. Diese sind besonders häufig:

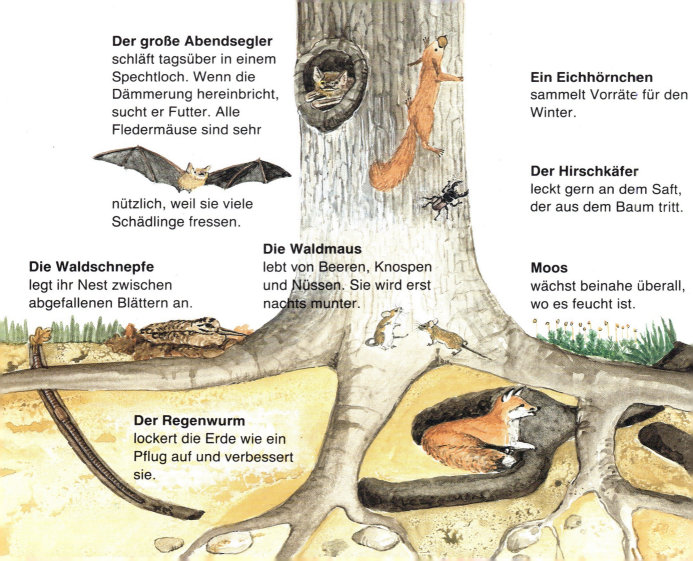

Leben über und unter der Erde

Viele Tiere verstecken sich unter der Erde vor ihren Verfolgern. Dachs, Waldmaus, Fuchs und Kaninchen legen ihre Wohnhöhlen unter der Erde an. Andere Tiere benützen die Erdhöhlen nur als vorübergehende Zufluchtstätte für sich und ihre Jungen. Besonders zahlreich sind die winzig kleinen Lebewesen, die man mit freiem Auge kaum sehen kann. Sie kriechen in den Hohlräumen der Erde herum und fressen abgestorbene Pflanzen und Tierteile. Aus dem Kot dieser Tiere entsteht wieder guter Waldboden.

Der Wurmfarn breitet seine grünen Wedel an schattigen, feuchten Stellen aus.

Die Maulwurfsgrille hat zum Graben stark vergrößerte Vorderbeine.

Beeren im Wald

Sind dir schon einmal die vielen Früchte aufgefallen, die an Sträuchern und Bäumen des Waldes wachsen? Aber Achtung, nicht alle kann man essen!

eßbar

Preiselbeeren wachsen an niedrigen Sträuchern. Sie schmecken gut als Marmelade und Kompott.

eßbar

Heidelbeeren gibt es vor allem in Nadelwäldern. Die Beeren sind zuerst grün, dann rot und blau, wenn sie reif sind.

roh giftig gekocht eßbar

Schwarzer Holunder wird sehr groß. Die Blüten duften sehr stark. Und die Früchte geben einen guten Saft.

eßbar

Weißdorn ist ein Strauch oder kleiner Baum mit dornigen Zweigen.

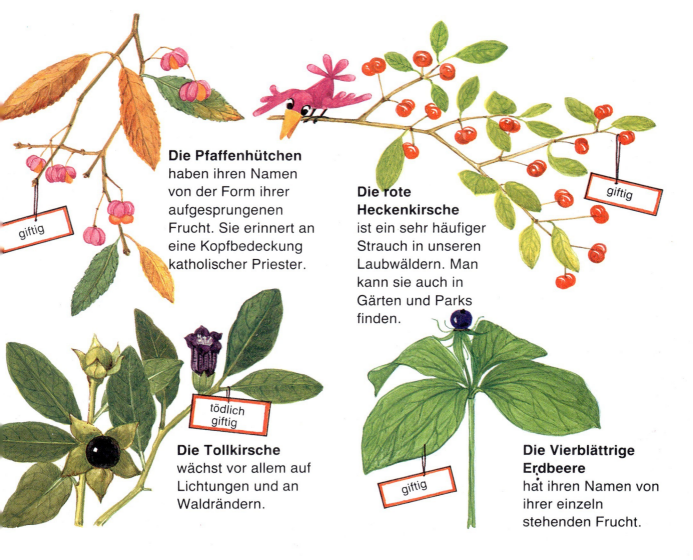

Nachwuchs im Laubwald

Tiere, die in der freien Natur leben, bringen ihre Jungen immer zu jener Zeit zur Welt, in der es auch genügend Nahrung gibt, also meist im Frühjahr oder Sommer. Jedes Muttertier sucht für seine Jungen einen möglichst geschützten Platz. Das kann eine Wohnhöhle in der Erde sein, ein Nest zwischen den Zweigen oder in einem hohlen Baum, aber auch eine Grube zwischen Blättern und Gras. Sehen wirst du die jungen Tiere wahrscheinlich kaum, denn sie werden von den Eltern gut bewacht.

Die Hasenmutter richtet für jedes ihrer Jungen eine eigene Mulde im Gras.

Die kleinen Dachse spielen und springen lang und gern in der Nähe ihres Baus herum.

Die Rehgeiß hat fast immer zwei Junge, die von Geburt an weiß getupft sind. Kitze nennt man sie.

Den kleinen Igeln wachsen schon bald nach der Geburt die ersten Stacheln.

Die jungen Füchse sehen mehr wie Kätzchen aus. Sie spielen gern unter der Aufsicht der Mutter.

Wozu brauchen Bäume Blätter?

Jeder Baum saugt mit seinen Wurzeln Wasser und Nährstoffe aus dem Erdboden und pumpt es in feinen Kanälen über den Stamm bis in die Krone. Der grüne Farbstoff in den Blättern bildet mit Hilfe von Licht, Luft und Wasser neue Nahrungsstoffe für den Baum. Diese werden wiederum in besonderen Gefäßen, die sich dicht unter der Rinde befinden, durch den Baum befördert.

Aber warum fallen im Herbst die Blätter ab? Im Winter ist es kalt, es schneit und die Erde friert. Die Wurzeln können aus dem gefrorenen Boden kein Wasser mehr holen. Da aber die Blätter weiter Wasser aus dem Stamm und den Zweigen verdunsten wollen, würde der Baum bald verdursten. Deswegen trifft der Baum schon im Herbst seine Vorsichtsmaßnahmen. Er wirft die Blätter ab.

Die Wurzeln suchen sich ihren Weg zwischen den Steinen bis zum Grundwasser.

Wie werfen die Bäume ihre Blätter ab?

Auf diesem langen Weg liefert das Wasser die Nährstoffe an den Baum ab. Jedes Blatt ist von vielen Adern durchzogen, die sich immer weiter verzweigen. Durch sie wird das Wasser im Blatt verteilt und schließlich über winzig kleine Poren an die Luft abgegeben.

Dort, wo der Blattstiel am Ast angewachsen ist, bildet sich eine korkartige Schicht. Sie sperrt die Wasserleitung zum Blatt ab. Das Blattgrün verschwindet langsam. Dafür werden rote und gelbe Farbstoffe sichtbar. Schließlich trocknet das Blatt aus und stirbt ab. Bald löst es sich an der Stelle vom Baum, wo sich die Korkschicht gebildet hat. Am Ast ist nur mehr eine kleine Knospe zu sehen, aus der im Frühjahr ein neues Blatt wachsen wird.

Fleißige Ameisen

Hast du dich schon einmal geärgert, wenn bei einem Picknick Ameisen über dein Essen hergefallen sind? Dabei hast du dir vielleicht gedacht, daß die Ameisen unnötige Tiere sind. Das stimmt aber nicht. Denn sie halten den Wald sauber, tragen Abfälle weg und fressen Larven und Käfer, die den Bäumen schaden könnten. (Die roten Waldameisen stehen unter Naturschutz!) Da sie den Wald von toten und verwesenden Tieren reinigen, nennt man sie auch die „Polizei des Waldes".

Ameisen sind sehr kleine Tiere. In einem Ameisenhaufen können fast 300.000 Tiere leben. So einen Haufen bauen sie in jahrelanger Arbeit und mit unendlicher Mühe aus Fichten- und Tannennadeln. Die kleinen Ameisen sind sehr kräftig. Sie schleppen Zweige und Blätter heran, die für ihre Körper sehr schwer sind. Im Vergleich dazu müßten wir Menschen einen ganzen Baum tragen können.

Ameisen sind die Waldpolizei

Ameisenhaufen werden fast immer über einem morschen Baumstumpf gebaut.

Aus den Eiern entwickeln sich Larven, die die Arbeiterinnen füttern. Die Larven umgeben sich mit einer festen Schutzhülle. Man nennt das Puppe oder Kokon.

Im Inneren lebt die Königin. Sie legt jeden Tag etwa 10 Eier in der Größe eines Salzkorns.

Alle Puppen werden von Zeit zu Zeit von den Arbeiterinnen an die Oberfläche des Nestes zum Sonnen gebracht. Die weißen Gebilde, die man manchmal an der Oberfläche eines Ameisenhaufens sehen kann, sind also nicht die Ameiseneier, sondern die Puppen.

Im Inneren der Puppe geht die Entwicklung weiter, bis die junge Ameise fertig ist. Arbeiterinnen öffnen die Hülle, damit die Jungen leichter schlüpfen können.

Ameisen regen auch Blattläuse an, Honigtau zu erzeugen, mit dem sie die Larven füttern. Diese süße Flüssigkeit holen sich auch die kleinen Bienen und machen Honig daraus. Wenn du das nächste Mal Waldhonig ißt, denk auch an die Waldameisen!

Wir basteln und spielen

Schmuck aus den Früchten des Waldes

Wer schmückt sich nicht gern? Dieser Schmuck kostet nichts und ist doch besonders wertvoll. Weil du ihn aus Früchten basteln kannst, die du selber im Wald sammelst.

Hagebutten-Kette
Ketten aus Hagebutten sehen fast so kostbar aus wie Perlenketten. Ziehe den Faden unterhalb der schwarzen Käppchen durch.

Ahorn-Kette
Jede Ahornfrucht besteht aus zwei zusammengewachsenen Flügeln. Für die Kette brichst du die Flügel auseinander und fädelst sie nacheinander so auf, daß alle in eine Richtung zeigen.

Bucheckern-Kette
Die dreieckigen Bucheckern-Samen sehen auf einer Kette besonders zart aus.

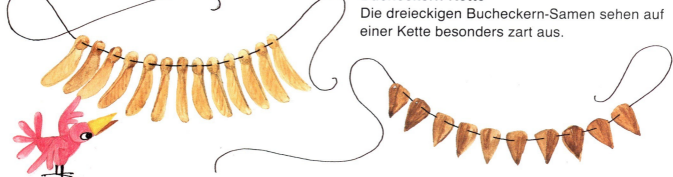

Spiele mit Ästen und Zweigen

Stöckchen-Wettlauf

Zuerst wird der Weg festgelegt, der bei dem Wettlauf genommen werden soll. Lustig ist es, wenn der Weg rund um Steine und über Baumstümpfe führt. Dann klemmen sich die Mitspieler ein Aststückchen zwischen die Knie, und auf „Achtung — fertig — los" beginnt der Wettlauf. Wer erreicht als erster das Ziel, ohne sein Stöckchen zu verlieren?

Zielwerfen

Aus Steinen wird ein Kreis mit etwa 1 Meter Durchmesser gelegt. Dann gehen alle Mitspieler 5 Schritte zurück und werfen nacheinander ihre Ästchen in Richtung Kreis. Um das Spiel schwieriger zu machen, kann man weiter zurückgehen. Du könntest dich aber auch mit dem Rücken zum Kreis stellen und das Ästchen über die Schulter werfen.

Gib acht, daß du keine Mitspieler triffst!

Brich für diese Spiele keine Äste ab. Auf dem Waldboden findest du genug dürre Zweige!

Wer weiß mehr?
Ein Würfelspiel für Waldkenner

Spielregel:

Die Spieler würfeln nacheinander und schieben ihre Spielsteine so viele Felder vor, wie der Würfel Augen hat. Wer auf ein dunkelbraunes Feld kommt, muß die jeweilige Frage beantworten. Ist die Antwort richtig, darf er noch einmal würfeln. Wer die Antwort nicht weiß, setzt einmal aus und schaut später nach. Sieger ist, wer als erster beim Baumstumpf ist.

4	Von welchem Baum stammt diese Frucht?
7	Welche Beere ist tödlich giftig?
10	Welcher Pilz hat einen roten Hut mit weißen Punkten?
12	Nenne zwei eßbare Pilze.
15	Warum klopft der Specht?
18	Wie nennt man das junge Reh?
21	Welcher Vogel legt seine Eier in fremde Nester?
25	Wo wachsen Moose und Farne am liebsten?
27	Wie viele Ameisen können in einem Ameisenbau leben?
30	Warum werfen Laubbäume ihre Blätter ab?

CIP-Titelaufnahme der Deutschen Bibliothek

Trinkl, Brigitte:
Komm und schau mit uns in den Wald / Text von Brigitte Trinkl. Ill. von Reingard Kopsa. — Wien; Stuttgart: Breitschopf, 1988
(Spielend wissen)
ISBN 3-7004-0853-6
NE: Kopsa, Reingard:

Alle Rechte, auch die des auszugsweisen Nachdrucks, der photomechanischen Wiedergabe, der Übersetzung und der Übertragung in Bildstreifen, vorbehalten.
© Copyright by Breitschopf KG, Wien 1988
ISBN 3-7004-0853-6

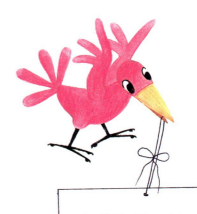